# Oração de São Francisco

TURMA DA MÔNICA©

Dados Internacionais de Catalogação na Publicação (CIP)
Angélica Ilacqua CRB-8/7057

Oração de São Francisco Turma da Mônica / ilustrações de Mauricio de Sousa -- São Paulo: Ave-Maria, 2017.
40 p. : il., color.

ISBN 978-85-276-1603-4

1. Oração de São Francisco de Assis I. Sousa, Mauricio de

16-1068 CDD 242.7

Índices para catálogo sistemático:

1. Oração de São Francisco de Assis



EDITORA AVE-MARIA

CLARET PUBLISHING GROUP

Rua Martim Francisco, 636 – 01226-000 – São Paulo, SP – Brasil
Tel.: (11) 3823-1060 • Televendas: 0800 7730 456
editorial@avemaria.com.br • comercial@avemaria.com.br
**www.avemaria.com.br**

ISBN: 978-85-276-1603-4
1ª ed. – 2017
**Ilustrações:** Mauricio de Sousa
**Diretor Geral:** Marcos Antônio Mendes, CMF • **Diretor Editorial:** Luís Erlin Gomes Gordo, CMF • **Gerente Editorial:** Áliston Henrique Monte • **Editor Assistente:** Isaias Silva Pinto • **Revisão:** Ana Lúcia dos Santos • **Impresso na Malásia**

# Oração de São Francisco

## Turma da Mônica©

AM Editora Ave-Maria

Mauricio de Sousa Editora

# Apresentação

Nós precisamos de referências para que a nossa vida seja mais do que simplesmente passar por este mundo.

Muitas pessoas já viveram neste planeta antes de nós e fizeram a diferença, muitas delas consideradas santas e, assim, são e serão fonte de inspiração para todo o sempre. Homens e mulheres que viveram em diferentes tempos da história e que deixaram suas marcas em busca de um mundo mais justo e solidário.

São Francisco de Assis é um desses santos. Ele nasceu há muito tempo, quase mil anos atrás, em uma cidade da Itália chamada Assis.

Francisco era de uma família muito rica, mas abandonou toda a riqueza para viver uma vida simples, mostrando, assim, que não precisamos de muito para sermos felizes. Ele tentava, em tudo, imitar o seu maior mestre, Jesus Cristo.

O nosso amigo Francisco dedicou toda a sua vida a cuidar dos mais pobres e doentes, pessoas das quais ninguém queria cuidar.

Uma de suas grandes preocupações era com a natureza. Foi um grande defensor da ecologia.

Existe uma linda oração, conhecida como a "Oração de São Francisco". Seria tão bom se cada pessoa pudesse rezar essa oração, buscando transformar o mundo em um lugar de paz, amor e fraternidade...

Não esperemos que os outros façam aquilo que só nós podemos fazer. Se queremos um mundo novo, é preciso que o renovemos em nossos gestos mais simples, e esta oração será nossa inspiração.

Pe. Luís Erlin, CMF

*Senhor, fazei de mim*
*um instrumento de vossa paz!*

*Onde houver ódio,*
*que eu leve o amor.*

Onde houver ofensa,
que eu leve o perdão.

Mônica
gorducha
fofinha

*Onde houver discórdia,*
*que eu leve a união.*

Onde houver dúvida,
que eu leve a fé.

*Onde houver erro,
que eu leve a verdade.*

*Onde houver desespero,*
*que eu leve a esperança.*

*Onde houver tristeza,*
*que eu leve a alegria.*

Onde houver trevas,
que eu leve a luz.

*Ó Mestre, fazei que eu procure mais:*

*consolar que ser consolado;*

*compreender que ser compreendido;*

amar que ser amado,

*pois é dando que se recebe;*

*é perdoando que se é perdoado;*

Z Z Z Z Z Z Z

*e é morrendo que se vive para a vida eterna.*

Amém.

R. do Curtume, 745 - Bloco F - Lapa - São Paulo - SP - CEP 05065-900 - Tel.: (11) 3613-5000 - ilustrações

**www.turmadamonica.com.br**

**Presidente** Mauricio de Sousa • **Diretoria** Alice Keico Takeda, Mauro Takeda e Sousa, Mônica S. e Sousa • **Mauricio de Sousa é membro da Academia Paulista de Letras (APL)** • **Direção de Arte** Alice Keico Takeda • **Diretor de Licenciamento** Rodrigo Paiva • **Coordenadora Comercial Editorial** Tatiane Comlosi • **Analista Comercial** Alexandra Paulista • **Editor** Sidney Gusman • **Layout** Robson Barreto de Lacerda • **Revisão** Ivana Mello • **Editor de Arte** Mauro Souza • **Coordenação de Arte** Irene Dellega, Maria A. Rabello, Nilza Faustino, Wagner Bonilla • **Assistente de Departamento Editorial** Regiane Moreira • **Desenho** Lino Paes • **Arte-final** Clarisse Hirabayashi, Cristina Hitomi Ando, Romeu Takao Furusawa, Thiago Martins • **Cor** Giba Valadares, Kaio Bruder, Marcelo Conquista, Mauro Souza • **Designer Gráfico e Diagramação** Mariangela Saraiva Ferradás • **Supervisão de Conteúdo** Marina Takeda e Sousa • **Supervisão Geral** Mauricio de Sousa